HUTTE-BOUTIQUE A ANNURADJAPURA.

LES MAITRES DE CEYLAN

A une époque préhistorique perdue dans la nuit des temps et si reculée qu'il n'en reste qu'un vague souvenir dans les mythes antérieurs à l'épopée du *Ramayana* et dans des fragments de légendes orales, l'île de Ceylan, primitivement désignée sous le nom de *Lanka* ou *Lakka* par les naturels, aurait, suivant certaines versions, formé l'extrémité de la péninsule méridionale de l'Inde. Un cataclysme géologique déchira violemment l'isthme alors existant et creusa le détroit de Palk. Le pont d'Adam, ou de Rama, avec ses bancs sablonneux se prolongeant sur une étendue de quarante kilomètres, témoigne encore, document ineffaçable, du rattachement originel de la terre insulaire au continent.

Les chroniques cingalaises ne comprennent que vingt-quatre siècles et ne parlent pas de cette révolution du globe qui fit de Ceylan une île. Elles ne donnent aucune indication sur ses premiers habitants et sur les luttes pour l'existence de ces aborigènes avec les Asiatiques qui vinrent les soumettre. Elles racontent cependant qu'au commencement des âges, un jour, sur les bords du Gange, des tribus errantes du Tenasserim virent sortir du soleil un être majestueux qui leur apprit à bâtir des maisons, régna sur eux et laissa pour héritier de sa puissance son fils auquel ils attribuèrent, ainsi qu'à ses descendants, le nom de *Souriavas.* « Un de ces rois, Vidjaya-Radjah (le victorieux) débarqua, avec sept cents hommes, peu de temps avant la mort du Bouddha Çakyamouni, à Céylan, où l'on adorait également le soleil, que l'on y appelait Isouara. Les aborigènes, ou *Veddahs,* de Lakka, furent refoulés sur la côte sud-est de l'île, où leur race s'est perpétuée. Vidjaya fit la conquête du pays, et après lui régnèrent Singa-Bahoû et Vidja-Comara, qui épousa la fille du roi de Matoura (Maduré).

On ne sait rien de précis sur ce qui se passa sous ces conquérants, durant sept à huit siècles, et les historiens de Ceylan diffèrent complètement entre eux en ce qui concerne les conditions dans lesquelles s'y introduisit la civilisation. Selon les uns, il y eut cinquante-quatre souverains, qui tour à tour, et de génération en génération, succédèrent à Vidjaya, en s'illustrant, tel Phakrama, par de grandes vertus et une infatigable activité consacrée à fonder des colonies, des temples, des monastères, et à orner la capitale de toutes les splendeurs de l'Orient. Selon les autres, au contraire, il se fit après Vidjaya un partage de l'île entre douze chefs, qui tous les ans se réunissaient solennellement pour élire l'un d'eux comme roi. Or, il arriva qu'un chef, plus rusé et plus fort que les autres réussit à s'arroger la souveraineté avec le droit de créer une dynastie, mais ses compétiteurs ne se soumirent qu'en apparence et ourdirent contre lui des complots en appelant à leur aide l'étranger.

C'était ouvrir à ce dernier le chemin de l'usurpation, et les guerres civiles eurent bientôt pour issue de réduire le territoire cingalais autonome à la seule province de Kandy. Cela n'empêcha point, il est vrai, la formation d'une caste royale dont il fallait faire partie pour pouvoir aspirer à la puissance suprême. Celle-ci était illimitée, le monarque, entièrement absolu, restant le maître du sol, de tous les biens et de la vie de ses sujets qu'il accablait d'impôts à son gré, ayant sur eux une autorité arbitraire. Il n'y avait au-dessus de sa volonté que celle de Bouddha. Dès le quatrième siècle de notre ère, en effet, le bouddhisme s'était introduit dans l'île, et la nouvelle religion, toute distincte de celle des aborigènes était devenue rapidement dominante. Comme dans la plupart des civilisations orientales, ce furent les prêtres qui exercèrent la royauté; mais, forcés de s'appuyer sur des alliés, ils appelèrent dans l'île les Malabars et les Arabes, qui entrèrent progressivement en possession des côtes.

Telle était la situation de Ceylan lorsque, vers le milieu du seizième siècle, les Portugais y arrivèrent. Depuis la découverte de la nouvelle route des Indes par Vasco da Gama, les aventuriers exploraient les mers, et les rois de Portugal disputaient l'empire océanique à l'Espagne, en envoyant sans interruption des caravelles commandées par des almirantes à la recherche de terres nouvelles. Dans une de ces expéditions, Lourenço d'Alméida, pour échapper à une tempête, vint s'abriter, en 1505, dans le port de Galle. Les naturels accoururent au-devant de lui au débarquement, dans l'espoir de se débarrasser, avec son secours, des pirates arabes qui ravageaient l'île. Le roi cingalais chargea son frère d'inviter Alméida et ses compagnons à la cour. Ce roi, Darma-Praccaram, fit aux Européens l'accueil le plus hospitalier, et vécut avec eux d'une manière sincèrement amicale; mais, après sa mort, il y eut, comme toujours, des querelles sanglantes entre les chefs, et les Portugais profitèrent de l'occasion pour intervenir. Sous prétexte de pacifier Ceylan, ils s'en emparèrent, inondèrent l'île de leurs troupes et s'y fortifièrent, en faisant de Colombo leur principale position. Leur domination, pendant un siècle et demi, laissa

CARTE DE L'ILE DE CEYLAN.

des traces profondes. Leur langue s'infiltra dans celle des indigènes, et avec la langue, s'introduisirent les idées. En monopolisant rigoureusement le commerce de Ceylan, ils réalisèrent des bénéfices inouïs. Toutes les productions de l'île et principalement la cannelle, l'acier, les perles, se transformèrent pour eux en richesses incalculables. Ils etendaient leur conquête pied à pied, chacun rivalisant de zèle pour augmenter les avantages de l'expansion, les moines donnant l'exemple aux soldats. En 1577, le dernier représentant de la dynastie cingalaise légua en mourant ses

États à Philippe II, qui trois ans après réunit, comme on le sait, le Portugal à l'Espagne. Seul, l'État de Kandy refusa de reconnaître cette donation faite au mépris des droits des indigènes.

***

Les Portugais ne surent pas se faire accepter par les Cingalais. Cruels, avides, fanatiques, ils gouvernèrent l'île par la terreur. En outre, ils soulevèrent contre eux les croyances bouddhistes, en démolissant les temples de Bouddha pour construire avec les pierres de ces édifices des églises catholiques, en outrageant Bouddha même par la profanation de ses reliques et de ses sanctuaires. Aussi les haines allaient-elles s'amassant contre ces maîtres. La religion nationale opprimée préparait ses représailles. Les Portugais trouvèrent bientôt devant eux des ennemis dont ils avaient eux-mêmes forgé les armes, en les poussant à la vengeance. Quand les Hollandais se présentèrent à Ceylan, ils furent reçus par les Cingalais comme des libérateurs. La Hollande, persécutée par Philippe II, visait à la ruine des possessions maritimes de l'Espagne, et tout d'abord ses regards s'étaient fixés sur l'île qui enrichissait le roi, unissant dans sa main le sceptre de Charles-Quint et celui de Sébastien. En 1595, la *Compagnie des pays lointains*, fondée par les villes hollandaises émancipées, conclut, au nom de celles-ci, une alliance offensive et défensive avec Vimala Dharma, le souverain encore indépendant de Kandy. Ce traité constituait pour Philippe II une déclaration de guerre. Les Hollandais acceptèrent la lutte, dont l'enjeu était l'empire commercial des mers indiennes, et, de part et d'autre, on réunit toutes les forces disponibles pour les engager dans ce combat à outrance. Il dura sans relâche jusqu'en 1641, date de la restauration de la dynastie de Bragance à Lisbonne. Aussi les indigènes et leurs alliés se tournèrent-ils contre le Portugal seul. Simon Corréa, chef des Portugais, était parvenu, en 1634, à enlever de vive force Kandy ; mais le radjah Singha infligea une défaite décisive au Portugal, en 1656, en le chassant de Colombo et en expulsant de l'île entière tous les soldats et les colons portugais.

***

Sous le régime hollandais ainsi inauguré, Ceylan ne fut pas plus libre. Les nouveaux maîtres, exclusivement marchands, n'eurent d'autre souci que de drainer toutes les ressources de l'île. Leur premier traité avec le roi de Kandy stipulait qu'ils seraient les bénéficiaires du commerce. Ceylan devint, après Java, leur plus importante colonie. La cannelle seule leur rapportait trois à quatre millions de florins par an. La prospérité de l'île n'avait aucune part dans leur gestion des intérêts cingalais. Les gouverneurs à qui ils les confiaient étaient des hommes cupides, quelques-uns indolents, d'autres despotes ; il y en eut qui songèrent à rompre avec la métropole pour usurper tout le profit de l'administration sans avoir de compte à rendre. Dans ces conditions, les liens de l'obéissance se relâchèrent à Ceylan. Des révoltes éclatèrent, les conflits avec le roi de Kandy se renouvelèrent fréquemment.

En 1672, la France avait tenté de se rapprocher du radjah Singha, qui permit à l'amiral Delahaye de mouiller avec quatorze navires dans la baie de Colombo et même de bâtir un fort, mais le gouvernement de Louis XIV ne retira rien de ce succès. Delahaye repartit, laissant pour le remplacer Lainé de Nanclars de Lannerole, à qui il fit espérer le concours de la couronne. Puis on ne donna aucune suite à ces démarches, et notre fort, sans garnison suffisante, sans moyens de défense, fut occupé par les Hollandais.

Cependant la domination néerlandaise à Ceylan périclitait. Les guerres entre les indigènes et les colons étaient incessantes, sans résultats décisifs pour les uns et les autres, mais les affaiblissant simultanément. Il était facile de voir que l'île ne pourrait offrir de résistance aux Anglais si ces derniers, qui la convoitaient, dirigeaient de ce côté leurs opérations contre la Hollande, qu'ils combattaient en Europe. Cette prévision se réalisa. En 1782, sir Hector Munroe parut dans la baie de Trincomali, au nord-est de l'île, avec une escadre britannique. Un coup de main le mit en possession de la place, mais il fut obligé d'aller réparer sa flotte à Madras, et Suffren arbora le pavillon français sur le fort de Trincomali. Pour la deuxième fois, la France négligea l'occasion qui s'offrait à elle de prendre cette riche « île des trésors ». En 1796, les Anglais revinrent, débarquèrent à Negombo, à trente-trois kilomètres au nord de Colombo, et se portèrent aussitôt à marches forcées sur Colombo même, qui capitula. La plupart des autres villes et des forts se rendirent à eux sans coup férir, et une seule année (1796) leur suffit pour mettre fin à l'occupation néerlandaise. La paix d'Amiens sanctionna cette conquête.

***

Ceylan, sous ces nouveaux maîtres, rentra d'abord dans la juridiction de Madras, puis fut directement administrée par la métropole. L'île eut pour premier gouverneur anglais Frédéric North, depuis comte Guilford. Mais, avant d'y établir cette administration, il y eut à triompher des rois de Kandy, qui ne cédèrent qu'après vingt ans de défense énergique, en faisant subir aux Anglais des pertes sérieuses et réitérées. Le 6 mars 1815, les trésors des anciens rois de Kandy furent pillés par les troupes victorieuses du major Hook, qui s'était emparé de Colombo. Une proclamation du lieutenant général Robert Brownrigg annonça aux insulaires qu'ils étaient désormais les sujets de S. M. Georges III ou de ses successeurs.

Ceylan n'a pas cessé depuis cette époque d'être anglaise. Les quelques révoltes qui s'y produisirent furent étouffées, grâce aux baïonnettes et aux canons. Ces révoltes auraient pu être évitées si les gouverneurs anglais n'avaient, à leur tour, commis les fautes qui avaient été si funestes aux gouverneurs hollandais et portugais. Les Cingalais se seraient courbés sous le joug, à la condition qu'on leur laissât leurs croyances et qu'on en les entravât point dans leur activité commerciale. Les promesses qu'on leur fit à cet égard n'étaient qu'un leurre. En 1848, ils s'insurgèrent en masse, mais cette rébellion fut promptement écrasée. La pacification se fit ensuite, comme dans l'Inde, avec quelques courants latents, mais toujours inéteints, d'opposition et sans assimilation réelle à l'esprit des conquérants. Toutefois ceux-ci savent comment ils doivent asseoir leur domination. « Les anciens chefs de Kandy, écrit le comte Goblet d'Alviella, avaient un dicton élevé au rang de prophétie ; c'est que leur indépendance resterait assurée tant qu'un chariot ne franchirait pas leurs rivières à sec et qu'un bœuf ne passerait pas à travers le roc de leurs montagnes. Les ponts et les tunnels des chemins de fer se sont chargés d'accomplir la prophétie, et aujourd'hui l'antique royaume de Kandy n'est plus qu'un souvenir de quelques vieillards. » Les Anglais l'ont transformé, en y faisant circuler les artères de la civilisation, la route carrossable de Colombo à Kandy, les rails de Kandy à Trincomali, à Djaffna, Aripo ; le chemin de 1,240 kilomètres faisant le tour de l'île, la voie ferrée rattachant Colombo à Kandy et celle reliant Colombo à Caltoura. Grâce à ces communications qui continuent à se développer, Ceylan peut exporter ses produits du sol et ceux de son industrie : bijoux, armes de prix, laques et ivoires, etc. L'île compte actuellement une population de plus de trois millions d'habitants qui, en vingt années, s'est accrue d'un tiers.

II

Peu de pays offrent dans leur passé historique, dans leur aspect physique, dans le tableau de leurs mœurs, autant d'attrait que Ceylan. Aussi l'île cingalaise fut-elle, surtout depuis qu'elle est britannique, souvent visitée. Nombre de voyageurs modernes en ont fait la description ; les uns parlant des richesses naturelles, les autres des sites qui partout arrêtent les regards, ceux-ci célébrant l'ascension du pic d'Adam, ceux-là ce merveilleux paradis botanique, le Péradénia, que les Anglais ont fait surgir comme d'un rêve. Parmi les voyageurs les plus intéressants dans leurs récits figurent les Anglais Knighton, sir James Emerson Tennent, W. Baker, l'allemand Hackel, les Français Sachot, Deschamps, Cotteau. C'est à leurs ouvrages qu'il faut avoir recours pour se faire une idée exacte de cette magique Taprobane, dont parlent déjà, dans l'antiquité, Strabon et Pline, quoiqu'ils ne la connussent que très imparfaitement, car ils ignoraient la plus abondante de ses productions, la cannelle, et s'imaginaient que par un phénomène bien singulier de la nature, après avoir été beaucoup plus grande dans un temps très éloigné, elle s'était successivement rétrécie. Le premier qui en fasse mention fut cet Onesicrates d'Egine, disciple de Diogène, puis compagnon d'Alexandre le Grand dans ses expéditions en Asie. Chargé par ce roi d'une mission auprès des Gymnosophistes des Indes, il en revint avec des récits aussi fabuleux que le furent au moyen âge ceux de Jean de Mandeville. Ses contemporains, bien que généralement crédules aux narrations de gens venant de loin, se montrèrent assez sceptiques à l'égard des siennes ; et l'on dit qu'Alexandre lui-même, dont il fit le panégyrique, et Lysimaque ne pouvaient s'empêcher de sourire en l'écoutant. Il est regrettable que l'on ne possède plus que quelques fragments de cet écrit. Peut-être aurions-nous de l'auteur une opinion meilleure que celle de Strabon, qui l'a vivement malmené. Peut-être aussi nous dévoilerait-il le véritable sens de ces mythes cingalais si étranges et si épiques, en même temps que le secret de ce pied puissant imprimé sur le sommet de l'île, regardée jadis comme l'extrémité du monde, empreinte qui, suivant les poètes persans, fut tracée par le vainqueur des Perses pour marquer par un symbole qu'il était Dieu à l'égal de Jupiter Ammon et prenait possession de toute la terre.

Charles Simond.

LES VRILLEURS DE PERLES.

CEYLAN[1]

I

POINTE DE GALLES.

C'est aujourd'hui le vingt-deuxième jour de notre traversée depuis Marseille. On nous promet Ceylan pour ce soir même. La mer est sombre et clapoteuse; le temps couvert. Bientôt la pluie tombe par torrents. Il fait presque froid : 25 degrés seulement; c'est la plus basse température que j'aie observée depuis Port-Saïd. Ce n'est certes pas dans de pareilles conditions que je m'attendais à toucher les rivages de l'antique Taprobane, de cette île fortunée où les anciens avaient placé le paradis terrestre!

Cependant, entre deux averses, nous entrevoyons à travers la brume une ligne d'un vert sombre, ceinte d'un cordon blanchâtre. C'est la côte de Ceylan, avec ses bois touffus de cocotiers au pied des-

(1) Ces pages sont extraites du volume intitulé, *Promenade dans l'Inde et à Ceylan*, par Ed. Cotteau. (Paris, librairie Plon.)

quels la lame déferle sans cesse, se brise avec fureur et rejaillit en flocons écumeux. Nous en sommes fort rapprochés. Bientôt une embarcation de forme bizarre vient à notre rencontre; elle est montée par des hommes en costume étrange, au type entièrement nouveau pour

TRINCOMALI. POISSONS DE MER SÉCHANT SUR LA PLAGE.

moi; c'est le bateau du pilote qui vient prendre le commandement de l'*Anadyr* et se chargera de l'amener sain et sauf au mouillage.

J'ai quatre jours devant moi, et comme je veux les utiliser le mieux possible, je commence par visiter Pointe de Galles et ses environs.

Pour le voyageur arrivant d'Europe, qui, depuis plusieurs semaines, n'a eu pour toute diversion au spectacle monotone de

MONASTÈRE BOUDDHISTE.

l'Océan que des côtes arides et désertes, le panorama que présente la rade de Galles avec les collines verdoyantes qui l'encadrent de toutes parts et ses blanches maisons à demi cachées sous l'épaisse ligne des cocotiers inclinés sur le rivage, offre un contraste frappant, bien propre à séduire l'imagination. Si c'est la première fois que notre voyageur se trouve en présence des splendeurs de la nature tropicale, l'impression qu'il éprouvera alors sera assurément l'une des plus vives qu'il puisse être donné à l'homme de ressentir.

Autour du nouvel arrivant, tout sera un sujet d'étude et de surprise. De longues et étroites embarcations, creusées dans un seul tronc d'arbre, entourent le navire; toutes sont munies d'un balancier formé d'une poutre arrondie qui flotte parallèlement à six pieds du bateau et lui est reliée par deux bâtons recourbés. Cet ingénieux appendice est destiné à le rendre absolument insubmersible. Ce genre d'embarcations est particulier à Ceylan; on les appelle souvent, mais à tort, des *catimarons* : ce sont des *outriggers*. De loin on les prendrait pour de gigantesques araignées courant à la surface de la mer.

Quoi qu'il en soit, la construction de ce bizarre esquif est merveilleusement appropriée au milieu dans lequel on l'emploie. L'entrée de la rade de Galles est difficile, semée d'écueils; même par le plus beau temps du monde, une forte houle y règne sans cesse. Aucune autre embarcation, en cas de grosse mer, ne pourrait s'y maintenir avec sécurité.

Les marins cingalais ne sont pas moins intéressants à observer. Vêtus seulement d'un long jupon noué autour des reins, les cheveux relevés en chignon derrière la tête et maintenus par un peigne d'écaille, ils laissent à découvert un torse admirablement modelé, d'une belle couleur de bronze, des membres souples et bien proportionnés.

La ville proprement dite de Pointe de Galles, située par 6° 3′ de latitude nord et 77°53′ de longitude est, est construite sur un promontoire peu élevé, et enfermée par d'anciennes fortifications remontant à l'époque de la domination hollandaise. Ces vieux remparts gazonnés, que la mer vient battre de trois côtés, sont encore en bon état et servent de promenade aux habitants. Les rues sont étroites, bordées de maisons à un étage, chacune ayant sa véranda supportée par des piliers sur toute l'étendue de sa façade.

Les voyageurs ont le choix entre deux principaux hôtels également bien situés au bord de la mer, l'un anglais, l'autre français; ce fut à ce dernier que j'allai m'installer en attendant le départ du *Meinam*. Dans cet établissement, tout est calculé de manière à ménager de nombreux courants d'air. Le lit est toujours placé au milieu de la chambre; les portes sont à claire-voie; les murs de séparation entre chaque pièce ne montent qu'à une certaine hauteur; fort au-dessus s'élève le toit, sans grenier, commun à tous les locataires de la maison. Ce système, assurément avantageux comme ventilation, l'est beaucoup moins à d'autres points de vue; il me semble que je ne suis pas chez moi dans ce vaste dortoir où j'entends tout ce qui se passe chez mes voisins.

Séparés de la cité par une large pelouse, s'étendent de longs faubourgs, des bazars indigènes et un marché toujours très animé. C'est là, sans contredit, pour l'étranger la partie la plus intéressante de la ville. Les bananes, les ananas, les oranges et bien d'autres fruits dont je ne connais pas le nom, se montrent aux étalages; accroupis derrière des monceaux de graines ou de légumes, les marchands attendent leurs clients. D'autres confectionnent en plein air des fritures trop odorantes, des friandises d'un aspect douteux, des gâteaux peu appétissants aux yeux de l'Européen. Plus loin, c'est le marché au poisson, toujours curieux à visiter en pays nouveau.

De larges routes bien entretenues, percées à travers une forêt de cocotiers, d'aréquiers et de bananiers, rayonnent en tous sens. Sous les grands arbres, au bord du chemin, des cases de bambou couvertes de nattes en feuilles de palmier; leurs habitants, accroupis devant leur porte, paraissent heureux de vivre en plein air sous ce beau climat. De joyeuses troupes d'enfants, complètement nus, se roulent dans le sable. Hommes et femmes prennent un soin excessif de leurs dents, qu'ils ont très belles et d'une blancheur remarquable, quand ils n'ont pas la déplorable habitude de les rougir par l'usage du bétel. Les jeunes garçons peignent avec soin leurs longs cheveux, toujours noirs, qu'ils enduisent d'huile de coco et laissent flotter librement sur leurs épaules. Souvent ils en forment un gros chignon; ainsi coiffés, on les prendrait pour des femmes. Les hommes d'un certain âge, outre la simple jupe qui forme le costume national des Cingalais, portent une veste de cotonnade blanche; avec leur menton rasé et leurs favoris, ils ont un faux air de nos garçons de café. Les femmes, petites et timides, se cachent à la vue de l'étranger; leur costume est à peu près le même que celui des hommes; une courte camisole, laissant à découvert une partie des épaules, leur couvre la poitrine. Les musulmans, qui sont en grand nombre, sont facilement reconnaissables à leur tête rasée, et à leur haut bonnet rigide affectant la forme d'un cône tronqué. Ces coiffures, solidement fabriquées au moyen de tresses de soie entrelacées, où le jaune entre comme couleur dominante, atteignent souvent des prix fort élevés.

Sur la route, le spectacle n'est pas moins animé. Tantôt c'est une lourde charrette qui s'avance lentement, traînée par deux petits bœufs bizarrement tatoués et maintenus sous le joug à l'extrémité d'un long timon; le conducteur marche gravement derrière son attelage. Des habitants des villages voisins se rendent à la ville; ils portent, en guise de parasol, une immense feuille provenant d'une plante appartenant à la famille des aroïdées et qui, au besoin, saura les abriter de la pluie. Plus loin, c'est une troupe de bonzes, ou prêtres bouddhistes, à la tête complètement rasée, vêtus de longues robes jaunes et munis d'un éventail en feuilles de latanier; ou bien c'est une bande de coolies, originaires de la côte du Malabar, plus noirs que les Cingalais et n'ayant pour tout vêtement qu'un étroit langouti.

*
* *

Nous fîmes un jour l'excursion de Wakwalla. Cette promenade, que l'on ne manque jamais de recommander au nouvel arrivant, est bien faite pour lui donner une idée de la splendide nature de l'intérieur de l'île.

Le prix des voitures de place, fixé par l'autorité anglaise, est assez modéré; seulement, défiez-vous de votre conducteur et de tous les officieux qui se présenteront pour vous servir d'interprète; ils sont tous de connivence et, sous un prétexte ou sous un autre, trouveront toujours moyen d'éluder le tarif à leur profit.

A mesure que l'on s'éloigne des bords de la mer, d'autres arbres viennent se mêler aux cocotiers; mais ces derniers restent toujours en majorité, imprimant au paysage un caractère essentiellement tropical. Malgré la rapidité de notre course, des enfants demi-nus, aux beaux yeux expressifs, nous poursuivent gaiement, tenant à la main un gros bouquet de fleurs qu'ils lancent adroitement dans notre voiture. C'est en souriant et en cherchant à exciter le rire plutôt que la pitié, qu'ils implorent le *bakchich*. Ce mot arabe, bien connu de tous ceux qui ont visité l'Orient, est synonyme de pourboire ou de gratification. Il a pénétré jusqu'ici; on le retrouve, d'ailleurs, dans l'Inde entière. Mais nous avons bien vite épuisé notre menue monnaie; les derniers arrivés, quoique n'ayant rien reçu, nous quittent alors en nous saluant gentiment et nous souhaitant de loin un bon voyage. C'est bien là l'un des caractères de la race douce et polie qui peuple cette terre fortunée.

Après un trajet d'une heure, qui a été pour nous comme un enchantement perpétuel, nous arrivons au pied d'une colline au sommet de laquelle se trouve le *bungalow*, but de notre excursion. Ici, comme dans l'Inde, on désigne sous le nom de bungalow toute habitation européenne et plus particulièrement tout établissement destiné à servir aux voyageurs d'abri ou de lieu de repos. On nous apporte sous la véranda une collation composée de laitage, de bananes, d'oranges mandarines et d'un gros fruit connu sous le nom vulgaire de *cœur de bœuf;* c'est le *corossol*, qui, sous une enveloppe rugueuse, renferme une crème blanche et parfumée, d'une saveur exquise. De là on jouit d'une vue magnifique sur un petit lac bordé de champs de riz, et donnant naissance à

LAVAGE D'HUITRES.

une rivière sinueuse qui va se perdre au milieu d'une immense plaine d'un vert éblouissant. Au loin, et par-dessus une première chaîne de collines couvertes d'une végétation impénétrable, se dresse. à l'altitude de 2,279 mètres, le célèbre pic d'Adam.

Nous rejoignons par un sentier escarpé notre voiture, qui, par une route charmante sous bois, nous conduit aux *Cinnamon-Gardens*, où le gouvernement fait cultiver la cannelle, le giroflier, la muscade et autres épices, ainsi que diverses variétés d'arbustes et de fleurs. Là, nous mettons en fuite un jeune caïman qui dormait paisiblement au soleil sur les bords fangeux d'un petit cours d'eau. Peu d'instants auparavant, nous avions aperçu, à travers les profondeurs de la forêt, deux ou trois singes agiles et un gros iguane, énorme lézard à la peau d'un jaune verdâtre, dont la chair délicate est fort appréciée des gourmets.

Un peu plus loin, nous nous arrêtons devant une pagode consacrée au culte de Bouddha. Moyennant une légère offrande, nous sommes admis dans le sanctuaire, où nous nous trouvons en présence de trois statues colossales, peinturlurées de vives couleurs. Les fresques qui se déroulent sur toute l'étendue de la galerie extérieure sont très curieuses à examiner. On y voit le paradis, l'enfer et diverses scènes des plus bizarres, le tout offrant une analogie frappante, comme style et comme naïveté d'exécution, avec les peintures de l'ancienne Égypte. J'y ai même retrouvé l'homme à bec d'oiseau, ce type si fréquemment reproduit par les artistes du temps des Pharaons. Je laisserai à d'autres le soin d'expliquer ces rapprochements singuliers; je me contente de signaler leur existence indiscutable.

Bientôt après, nous rejoignons la merveilleuse route de Colombo, et nous rentrons à Galles, fort satisfaits de notre journée.

Une autre fois, profitant de la voiture publique qui, chaque jour, fait le service de la poste entre Galles et Matura, je me rendis dans cette petite ville, distante de quarante-six kilomètres et située sur la côte méridionale de l'île. Pendant la première moitié du trajet, la route suit constamment le bord de la mer; elle est sillonnée de piétons et de véhicules de toute espèce, parmi lesquels dominent les chars à bœufs. Je ne crois pas qu'on puisse franchir un espace de deux cents mètres sans passer devant quelque habitation cachée sous les cocotiers. Cet arbre (*cocos nucifera*), véritable providence pour les Cingalais, croît sur tout le littoral avec une rapidité qui tient du prodige. Quatre ans après sa plantation, la noix enterrée dans le sable est devenue un tronc énorme avec des branches aussi développées qu'elles le seront jamais. Dès lors, l'arbre commence à porter fruit. Sa tige atteindra jusqu'à trente mètres de hauteur avec un diamètre moyen de soixante centimètres; droite dans les premières années, elle s'inclinera gracieusement avec l'âge. Pendant plus de cinquante ans, sa production ne s'arrêtera pas; tous les mois, il entrera en fleur et portera en toute saison, suspendue à la naissance de ses branches, une guirlande de cocos à tous les degrés de maturité. Mais ce n'est pas le fruit seul qui est utilisé soit comme comestible, boisson, alcool ou huile; avec les fibres qui entourent la noix on fabrique toutes sortes de cordages; le bourgeon terminal est un excellent aliment comparable à nos meilleurs légumes; avec les feuilles de l'arbre on fait des nattes, des corbeilles, des chapeaux et même des vêtements; on peut en nourrir aussi les éléphants domestiques. Enfin, son bois est employé non seulement dans les constructions, mais encore pour la menuiserie et les meubles de luxe. Je n'énumère ici qu'une faible partie des applications industrielles que cet arbre précieux est susceptible de recevoir. Mais je m'aperçois que me voici bien loin de Matura. Qu'on me pardonne cette digression. Il est si difficile, quand on se trouve à Ceylan, de ne pas se laisser entraîner à parler du cocotier, cet arbre caractéristique de la nature du pays!

La seconde partie de la route s'enfonce dans l'intérieur des terres; le sol s'accidente; après avoir traversé de grands et beaux villages, nous arrivons à Matura, bourgade de cinq à six mille habitants avec un vieux fort converti en hôpital et une cour de justice. Je n'y séjournai qu'une heure; le soir même j'étais de retour à Galles, et le lendemain je m'embarquais à bord du *Meinam*.

Pendant tout le temps qu'avait duré ce premier séjour à Ceylan, la pluie était tombée par torrents plusieurs fois par jour; le soleil avait beau se montrer entre chaque averse, ses rayons ardents ne suffisaient pas à faire disparaître l'eau dont le sol était imprégné. Le climat de Galles est l'un des plus humides du monde entier; mais la chaleur, modérée par le voisinage de la mer et par des pluies presque continuelles, y est très supportable. Rarement le thermomètre y dépasse 30°, et les variations de température entre le jour et la nuit y sont peu sensibles.

II

KANDY.

Le commandant de l'*Africa* a tenu parole. A six heures, nous sommes mouillés à deux kilomètres au large d'une côte basse, bordée de cocotiers, au pied desquels la lame, en se brisant, forme un long cordon de blanche écume qui s'étend à perte de vue. En face de nous, la ville de Colombo, avec ses maisons aux toits rouges, son phare et ses églises, se présente à demi cachée dans un nid de feuillage.

Le débarquement est long et difficile. Il n'existe d'autre port que le fond d'une mauvaise rade foraine, et la mer, dans ces parages, est toujours agitée.

Mon intention en arrivant à Ceylan est de partir immédiatement

PRÊTRES BOUDDHISTES.

pour Kandy. De là j'irai faire une excursion dans les plantations de café de l'intérieur; puis, revenant à Colombo, que je pourrai alors

CEYLAN. — VUE D'UNE ROUTE DANS LES MONTAGNES.

visiter à loisir, je me rendrai par terre à Galles, où je prendrai passage pour Marseille à bord du *Sindh*, de la Compagnie des Messageries maritimes.

Un chemin de fer existe depuis 1870 entre Colombo et l'ancienne capitale de l'île, Kandy, située à cent vingt kilomètres dans l'intérieur. Les trains franchissent cette distance en quatre heures et demie.

La station principale de Colombo est dans une ravissante situation; la ligne est bien construite et les wagons confortablement installés. Le paysage est constamment magnifique. C'est une débauche de végétation dont on n'a pas idée. Plantations de bananiers et de cocotiers, rivières, petits cours d'eau, bois impénétrables, se succèdent sans interruption. On voyage dans un enchantement perpétuel.

Aux deux tiers du trajet commence la montée. La voie s'engage dans une épaisse forêt, circule le long de corniches taillées dans le roc à pic, et atteint la région où s'étagent les premières plantations de café. Sous nos pieds, à une immense profondeur, se creusent en tous sens de riches vallées arrosées par d'innombrables filets d'eau. Partout le riz est cultivé en terrasses divisées par des bourrelets de terre en compartiments horizontaux, submersibles à volonté. Au loin, la vue se perd sur un horizon de montagnes boisées, aux sommités bleues, en partie cachées par les nuages. L'humidité suinte de toutes parts; les mousses et les fougères les plus variées tapissent les parois des rochers et les talus du chemin. Les arbres les plus élevés disparaissent sous un inextricable réseau de lianes et de plantes grimpantes.

Au point culminant de la route, environ six cents mètres au-dessus de la mer, on a érigé une colonne commémorative. La voie redescend ensuite par un plan légèrement incliné. Trois quarts d'heure après, nous sommes en gare de Kandy. Un coolie me conduit à *Queen's Hotel*, établissement fort bien situé sur l'esplanade, tout près du lac et en face du temple bouddhiste.

Il est impossible de rêver une situation plus délicieuse que celle de la petite ville de Kandy, mollement assise sur les bords d'un lac en miniature, au fond d'un cirque dominé par une série de vertes collines. Grâce à son altitude de 500 mètres, elle jouit d'un climat égal et tempéré. La température moyenne, qui à Colombo est de 26°2, n'est plus à Kandy que de 22°8.

Sur les rives du lac, une chaussée ombragée forme une longue terrasse dont le mur de soutènement est orné d'une rangée de balustres. Au centre on remarque, semblable à une corbeille de verdure, un îlot planté de bambous dont les tiges gracieusement inclinées se reflètent dans une eau calme et limpide. Sur la rive opposée s'élèvent de jolies villas habitées par les Anglais ou de riches indigènes. Une route, semblable à une allée de parc, en fait le tour entier. Cette charmante promenade, qui demande une heure à peine, se fait à l'ombre de beaux arbres, de palmiers et de massifs de bambous dont les troncs, luisants et jaunes comme de l'or, sont rehaussés de légers filets verts.

L'antique capitale des souverains de Ceylan n'est plus aujourd'hui qu'une petite ville d'une vingtaine de mille habitants. Ses rues larges se coupent à angle droit et se prolongent au loin dans la campagne, au milieu des jardins et des bois de cocotiers.

L'hôtel du gouverneur s'élève au sommet d'un monticule dessiné en parc anglais et planté d'arbres magnifiques.

Le palais des anciens rois de Kandy, à moitié ruiné, est converti en chambre de justice. A l'un des angles de sa vaste enceinte, se trouve le temple dans lequel on conserve la fameuse dent de Bouddha, qui, bien que brûlée jadis par les Portugais, est ressuscitée de ses cendres sous la forme d'une grosse dent de bœuf. Le temple est petit et sombre, et a peu d'apparence extérieurement. De grandes fresques en couvrent les murailles ; l'enfer y est représenté avec un grand luxe de flammes et de supplices. D'affreux diables cornus roulent des yeux féroces et font griller les pauvres humains dans le feu éternel.

Un bonze vêtu de jaune et la tête rasée, comme tous ses pareils, me fit monter au premier étage, où il me montra derrière un grillage une grande statue de Bouddha en argent et toute une quincaillerie d'idoles, de statuettes et autres objets religieux. Quant à la célèbre relique, elle est renfermée dans une châsse précieuse, et on ne peut la voir que dans les grandes occasions. On me conduisit aussi dans un pavillon octogonal formant saillie au-dessus d'un large fossé plein d'eau. Il contient une riche collection de manuscrits et de livres cingalais. Pendant tout le temps qu'a duré ma visite, le tambourin, le tam-tam et un autre instrument dont les sons aigus se rapprochent de ceux du fifre, ont fait rage à l'intérieur du temple. Au moment où je me dispose à sortir, les musiciens se mettent à ma suite et m'accompagnent jusqu'à la porte en me lançant des poignées de la fleur blanche du jasmin.

Un grand pavillon carré, séparé du temple par la route, s'élève en saillie de trois côtés sur le lac; il dépendait autrefois du palais royal. Il sert actuellement de bibliothèque et de salle de concert.

***

J'ai fait à la table d'hôte de l'hôtel la connaissance de deux touristes, l'un Suisse et l'autre Grec, arrivés depuis quelques jours à Ceylan. Ils partent ce soir même pour une excursion à travers les districts à café, jusqu'au *sanitarium* de Nuera-Ellia, situé à quatre-vingts kilomètres au sud de Kandy, au centre du massif montagneux le plus élevé de l'île. Ces messieurs m'engagent vivement à me joindre à eux pour ce petit voyage. Heureux de cette occasion inespérée, j'accepte avec empressement

A six heures, nous prenons le chemin de fer pour la station de

VANNAR OU BLANCHISSEUSE CINGALAISE.

Paradenia, à six kilomètres de Kandy sur la route de Colombo, d'où un embranchement de trente-deux kilomètres se dirige au sud sur la petite ville de Nawalapitia. Nous quittons le train quatorze kilomètres plus loin, à Gampola. Demain, nous continuerons notre route en voiture.

Le *rest-house* (c'est le nom que l'on donne ici aux bungalows du gouvernement) est agréablement situé en face de la gare, sous un

LE FORT ET UN COIN DU PORT DE TRINCOMALI

petit bois de magnifiques jacquiers couverts d'énormes fruits. Nous y dînons assez bien; mais nous ne pouvons parvenir à nous entendre avec le loueur de voitures que nous avons fait prévenir; ses prétentions sont absolument exorbitantes.

Les négociations recommencent ce matin de bonne heure; et ce n'est qu'après de longues discussions qu'elles finissent par aboutir. Notre homme consent à recevoir cent roupies; moyennant ce prix, dont nous lui versons la moitié d'avance, il nous abandonne pour trois jours la jouissance d'une tonga assez délabrée et de deux chevaux qu'il s'engage à remplacer à mi-chemin par un relais. Dans l'Inde, on n'eût exigé que le tiers de cette somme. Mais à Ceylan la vie est beaucoup plus chère. Le grand nombre d'Européens qui habitent l'intérieur, l'extension donnée à la culture du café, et le développement des relations commerciales qui en est résulté, ont amené une hausse considérable dans le prix de chaque chose.

A neuf heures, nous sortons de Gampola. On passe sur un beau pont de fer une jolie rivière dans les eaux de laquelle toute une population prend ses ébats. La route, admirablement entretenue, traverse un pays entrecoupé de bois et de rivières, et s'élève par une pente presque insensible jusqu'aux premières plantations.

Chaque année le caféier s'avance plus profondément au cœur de la forêt vierge qui couvrait autrefois tout le pays. La hache du bûcheron fait sa trouée jusque sur les versants les plus abrupts. Sur ces hauteurs, qui semblent inaccessibles, les géants du règne végétal jonchent le sol. On les brûle sur place; mais les branchages seuls se consument; les troncs énormes échappent à l'incendie, qui ne fait que les noircir; les insectes et le climat se chargeront en peu d'années de faire disparaître ce que le feu n'a pu dévorer. Pendant ce temps, les jeunes plants de café se fortifient, et le bois décomposé, tombant en poussière, leur sert d'engrais.

Tout ce pays est extrêmement accidenté. La route seule, serpentant à mi-côte en suivant les sinuosités du terrain, conserve une surface à peu près horizontale. En approchant de Ramboda, le paysage, depuis longtemps très pittoresque, touche au grandiose. Sept cascades considérables sont en vue à différentes altitudes.

Nous devions changer de chevaux à Ramboda. Mais se fier à la parole d'un Cingalais, c'est faire métier de dupe. Notre loueur nous a trompés : on ne peut nous fournir aucun relais; de sorte que les malheureux animaux qui ont déjà fait trente-quatre kilomètres, vont être obligés de doubler l'étape, et cela dans les plus mauvaises conditions; car nous aurons à nous élever de 1,400 mètres, pour franchir les vingt-deux derniers kilomètres.

A trois heures nous quittons Ramboda. Le chemin décrit une infinité de zigzags le long d'une pente très inclinée, franchit des torrents et revient plusieurs fois sur lui-même, toujours en montant. La nature prend un aspect franchement alpestre; du haut des contreforts que nous escaladons, la vue plonge sur la belle et riche vallée qui se déroule à nos pieds, et nous pouvons embrasser d'un seul coup d'œil tout le chemin que nous avons parcouru depuis ce matin.

Cependant, nos chevaux exténués refusent d'avancer; heureusement, la température s'est sensiblement rafraîchie, ce qui nous permet de faire une partie de la route à pied. Le caractère de la végétation a changé complètement. Les palmiers sont remplacés par de belles fougères arborescentes. Le caféier a disparu; on ne voit plus au bord du chemin que des plantations de quinquinas et d'arbres à thé.

Sur ces entrefaites, la nuit est venue. Ce n'est qu'à huit heures que nous atteignons le sommet du col. Nous y attendons notre piteux équipage, resté fort loin en arrière. Je croyais bien qu'il n'arriverait jamais jusque-là; mais les deux Cingalais qui nous conduisent se sont mis de la partie; ils ont tant poussé, tant tiré et tant crié, qu'ils ont réussi à ne pas le laisser en route. De là à Nuera-Ellia, il n'y a plus que quelques kilomètres; mais le chemin descend toujours, et nous remontons en voiture. Un dernier effort de nos chevaux nous amène à l'*hôtel de la Reine*.

Dans la salle à manger pétille un feu vif et clair. Le thermomètre, qui ce matin marquait encore 20° à Gampola, ne s'élève plus qu'à 12°.

Comme nous sommes arrivés hier de nuit, le tableau que j'ai sous les yeux ce matin me cause une profonde surprise. Rien de ce que je vois ne me rappelle Ceylan, mais bien plutôt quelque fraîche vallée du revers méridionial des Alpes. Devant l'hôtel se déroule à perte de vue une vaste prairie légèrement ondulée, parsemée de villas, avec un lac dans le lointain. De petits bois d'eucalyptus, que de loin on prendrait pour des sapins, quelques beaux pins parasols disséminés çà et là, contribuent à donner au paysage un aspect purement européen.

Le *sanitarium* de Nuera-Ellia jouit d'un climat complètement tempéré. Toutes les productions de l'Europe y réussissent parfaitement. Il occupe à une altitude de 2,000 mètres, au milieu de la partie montagneuse de l'île, le fond d'un cirque dominé par quelques sommités couvertes de sombres forêts. Le point culminant de Ceylan, le pic de *Pedrotallagalla,* se dresse à une faible distance au nord, à la hauteur de 2,570 mètres.

Nous avions résolu d'en faire l'ascension. A sept heures du matin, immédiatement après le thé, par un temps magnifique et une température de 10 degrés, nous nous mettons en route, accompagnés par un Anglais logé à l'hôtel, et qui veut bien nous servir de guide.

Un petit chemin bien tracé et qu'on pourrait suivre à cheval décrit quelques lacets à travers les pâturages, puis, atteignant la lisière de la forêt, s'élève sous un dôme de feuillage par une pente assez raide. Après avoir franchi un petit ruisseau aux bords marécageux, le sentier se rétrécit et devient de plus en plus escarpé. Le sol est très glissant, ce qui rend cette partie de la montée assez pénible.

Les éléphants sauvages abondent dans ces parages; ils sont très friands d'une espèce de bambou nain qui croît sur ces hauteurs. Nous rencontrons à diverses reprises, sur le terrain boueux, l'empreinte profonde et toute fraîche de leurs pieds énormes, et d'autres vestiges non équivoques attestant leur présence récente en cet endroit. Du reste, leurs trouées à travers les fourrés qu'ils renversent sur leur passage permettent de suivre facilement leurs traces. On voit aussi beaucoup de piquets de sangliers.

A neuf heures, nous sortons de la forêt; il nous reste à gravir une dernière éminence qu'on a débarrassée des arbres qui gênaient la vue. Quelques minutes après, nous sommes tous réunis autour d'une pyramide de pierre surmontée d'un mât. Elle occupe le point culminant; tout près de là, un hangar couvert en paille peut servir d'abri en cas de mauvais temps.

La vue panoramique dont nous jouissons au sommet de Pedrotallagalla est d'une beauté incomparable. Au sud, le pic de *Namonakoula-Kundu*, moins élevé de quelques centaines de mètres que l'endroit où nous nous trouvons, dresse sa tête au milieu des nues. Au nord, nous planons au-dessus de la contrée que nous avons parcourue hier si lentement. Au delà des plantations, les plaines humides et chaudes qui se trouvent dans cette direction sont voilées par un immense rideau de nuages diversement colorés. Tout autour de nous se trouvent de riches vallées, séparées par des contreforts abrupts. Presque partout le thé et le café ont remplacé la vieille forêt. A l'est surgit le pic d'Adam, dominant de sa masse les sommités voisines. Il a passé longtemps pour le point le plus élevé de Ceylan, tandis qu'en réalité le cône aigu qui le termine n'atteint que la hauteur de 2,279 mètres, restant inférieur de 292 mètres au Pedrotallagalla. A l'aide d'une lorgnette, on distingue facilement le petit temple bouddhiste qui y a été construit pour abriter l'empreinte du pied d'Adam, laquelle n'est autre qu'une excavation de quelques centimètres de profondeur, oblongue, d'une longueur de 3 mètres et ne ressemblant nullement à un pied (1). Après une bonne heure employée à contempler sous tous ses aspects ce merveilleux panorama, nous nous mettons en route pour la descente. A midi, nous étions de retour à l'hôtel, ravis de cette belle excursion. Dans l'après-midi, je fais une visite au bazar indigène. Par une température de 20 degrés, les natifs, enveloppés de couvertures, semblent grelotter.

(1) Voir notre volume : Charles Simond, *La Gazette d'or*. (Paris, Lecene et Oudin.)

PORT DE COLOMBO

A deux heures, nous quittons l'hôtel après avoir acquitté une note dont les prix se ressentent fortement de l'altitude générale de la contrée. Notre conducteur s'arrête à la descente; sa voiture n'ayant pas de mécanique, il en confectionne une avec un bâton et des cordes. Mais ce système trop primitif se détraque à chaque instant, et nous perdons beaucoup de temps. Je ne songe pas à m'en plaindre; le paysage est si beau, et il y a tant de choses à voir sur la route même! Les fougères les plus délicates et les plus variées, de toute dimension, depuis les espèces arborescentes jusqu'aux plus petits lycopodes, garnissent les talus de la route. On rencontre aussi à chaque pas des rhododendrons, des rosiers, des daturas aux clochettes odorantes, des lantanas multicolores et de grandes solanées aux belles fleurs blanches et violettes. Quel riche champ d'études pour un botaniste!

Nous croisons souvent des convois formés d'une douzaine de charrettes, pesamment chargées, attelées de quatre bœufs à la peau tatouée, que l'on conduit au moyen d'une corde passée au travers des naseaux.

Le *rest-house* de Ramboda est admirablement situé, à quelques pas de la route, au sommet d'un monticule rocheux adossé à la montagne. Nous y arrivons au coucher du soleil. Étendus sur les fauteuils de la véranda, nous y jouissons d'un tableau qui défie le pinceau d'un artiste. Un merveilleux rideau de nuages frangés de pourpre et d'or flotte au-dessus des montagnes, qui se détachent sur l'horizon par une succession de plans à teintes décroissantes depuis le bleu le plus foncé jusqu'à l'azur le plus tendre.

La descente à Gampola s'effectue sans autres incidents que le payement de quatre roupies pour autant de *tolls* ou péages établis le long de la route et destinés à subvenir à son entretien. Le recouvrement de cet impôt, qui ne laisse pas que d'être assez onéreux, est confié à des indigènes qui viennent présenter aux voyageurs une grande pancarte où sont relatées en anglais et en cingalais les lois et instructions qui les autorisent à l'exiger.

A la station de Peradenia, je me sépare de mes compagnons de voyage, qui retournent à Colombo, et je me dirige à pied vers le jardin botanique qui a été établi, à un kilomètre de là, sur la rive droite du fleuve Mahavilla-Ganga. Ce cours d'eau, le plus considérable de Ceylan, prend sa source dans le massif montagneux qui s'étend au sud de Kandy et, après un parcours d'environ 250 kilomètres, va se jeter dans la baie de Trincomali, au nord-est de l'île. Je le traverse sur un pont de deux cents mètres.

Une belle allée de *ficus elastica* forme une digne entrée à ce jardin, ou plutôt à ce parc botanique, l'un des plus beaux que je connaisse. Ce végétal, que nous ne connaissons guère en France que sous la forme d'un arbrisseau dont les feuilles persistantes, luisantes et d'un beau vert, se prêtent à la décoration des appartements, se présente ici sous un tout autre aspect. Son tronc, en grande partie composé d'un enchevêtrement de racines aériennes qui finissent par s'amalgamer, atteint des proportions colossales. D'énormes racines côtelées, en saillie de plusieurs pieds, rayonnent de sa base et, se contournant en replis sinueux, rampent sur le sol, semblables à de gros serpents entrelacés, jusqu'à une distance d'une dizaine de mètres et même davantage.

Le parc de Peradenia contient environ 60 hectares; il est bien dessiné et percé d'allées accessibles aux voitures. Il renferme une magnifique collection de tous les grands végétaux de Ceylan, et en outre un grand nombre d'espèces provenant de Java et des Moluques, que l'on cherche à acclimater.

Il est impossible d'énumérer les raretés qui s'y trouvent réunies. Citons seulement le talipot (*corypha umbraculifera*), dont le tronc, semblable à une svelte colonne, s'élève à plus de trente mètres et se termine par un immense chapiteau de feuilles en éventail; l'*oreodoxa regia*, originaire du Brésil; le *ravenala Madagascariensis*, qui se développe ici avec autant de vigueur que dans son pays natal; enfin l'incomparable *amherstia nobilis* de Penang, tout couvert de longues grappes de fleurs écarlates. Je passe sous silence tout un monde de lianes et de rotins sans fin, de cereus grimpants et de plantes parasites.

Ceylan est la terre promise des fougères; on en a déjà trouvé deux cent cinquante-deux espèces dans l'île; plus de deux cents existent dans le jardin. Une des merveilles du parc est le bambou géant des Philippines. Vers sa base, la tige mesure $0^{m},50$ de diamètre; puis, décroissant régulièrement et conservant toujours une brillante couleur verte, elle atteint la hauteur de 35 à 40 mètres. Les plus beaux bambous se trouvent sur les bords de la rivière. Ces herbes gigantesques, qui s'épanouissent dans les airs et se penchent avec grâce au-dessus de l'eau, contribuent singulièrement à l'ornement du paysage. Leurs tiges innombrables, serrées les unes contre les autres, forment un faisceau absolument impénétrable.

Le règne végétal n'est pas le seul représenté au jardin de Peradenia. On peut y rencontrer aussi beaucoup de reptiles; les plus petits sont les plus dangereux. Le hasard me fournit l'occasion d'assister aux ébats folâtres de deux d'entre eux. Accompagné d'un indigène, je suivais une allée longeant la berge de la rivière. Tout à coup j'aperçois à dix pas de nous, en contre-bas, deux serpents longs de 4 mètres et le corps gros à proportion. Ils paraissaient jouer ensemble, étroitement enlacés et balançant leur tête à un mètre au-dessus du sol. Après les avoir observés pendant quelques minutes, je fis un mouvement qui attira leur attention; mais ils ne parurent pas bien effrayés et se contentèrent de ramper à quelques mètres plus bas vers une touffe de roseaux où ils continuèrent leurs jeux, sans plus s'occuper de notre présence. De temps en temps, ils dressaient leur tête au-dessus des hautes herbes, violemment agitées sous leurs étreintes convulsives.

Mon guide m'apprend qu'ils appartiennent à une espèce très commune et complètement inoffensive, sauf pour les rats, auxquels

CHETLY CINGALAIS, NÉGOCIANT TAMOUL DE L'INDE.

ils donnent activement la chasse ; d'où leur vient le nom vulgaire de *mangeurs de rats*. Ces gros serpents entrent souvent dans les cabanes des villages; on ne leur fait aucun mal. Il n'est pas rare d'en voir se nicher sous la paille des toits.

Lorsque je rentre à Kandy, il est nuit close. Les étoiles brillent au ciel, et des milliers d'insectes décrivant des cercles de feu dans les airs semblent vouloir lutter d'éclat avec elles.

L'EXÉCUTEUR DES HAUTES ŒUVRES.

Je profite de la fraîcheur matinale pour revoir les merveilleux jardins du gouverneur. Je visite aussi le parc de *Lady-Horton*, qui s'étend sur une colline voisine. Des allées taillées en corniche offrent des points de vue toujours variés et souvent grandioses. Partout la végétation y déploie une magnificence incomparable.

Dans la journée, je prends un billet d'aller et retour pour Nawalapitia. Jusqu'à Gampola, je connais déjà la route. En quittant cette station, la voie s'élève au milieu des plantations et domine de frais vallons sur les flancs desquels les banquettes arrosables où l'on cultive le riz sont disposées comme les gradins d'un amphithéâtre.

La petite ville de Nawalapitia, située à trente huit kilomètres de Kandy et à une altitude de 600 mètres, n'a pas d'autre importance que celle que lui donne la voie ferrée qui vient s'y terminer actuellement, mais qui est destinée à être prolongée plus tard jusqu'au centre des riches districts à café qui s'étendent au pied du pic d'Adam. Je n'avais entrepris cette excursion que pour voir la campagne toujours si belle à Ceylan.

Je me trouve si bien à Kandy, que j'y resterais volontiers quelques jours encore ; mais il n'y faut pas songer. Le *Sindh*, qui doit me rapatrier, a déjà quitté Singapore. Pressé par le temps, je suis obligé de retourner en arrière. Aussi, dès le lendemain, je prends le train de sept heures, et à midi je suis installé à *Temporary Hotel*, dans le quartier du Fort, à Colombo.

III

COLOMBO.

La capitale de Ceylan, Colombo, est une grande ville de 127,000 âmes, qui se divise en trois parties distinctes : le Fort, Pettah et Calpitty.

Le Fort, dont les murailles ont été construites par les Hollandais, s'étend sur une péninsule bordée de trois côtés par la mer. Il renferme la cité européenne, peuplée de quelques milliers d'âmes seulement. C'est la ville des affaires ; la plupart des maisons servent de magasins et de bureaux. Les rues principales, larges et plantées d'arbres, sont bordées de belles maisons à plusieurs étages. Le phare s'élève au centre d'une petite place, à l'intérieur de la ville. Au sud se trouvent les casernes, formant sur l'un des côtés de l'esplanade une longue ligne de blanches arcades.

Au nord du Fort, dont elle est séparée par une pelouse plantée d'arbres et par un canal, s'étend la ville noire (*black-town*), nommée aussi Pettah. C'est une immense agglomération de Cingalais, d'Hndous, de Malais et de métis portugais, renfermant plus de 100,000 habitants. Elle est située entre la mer et de grands étangs d'eau douce dont les bords ont été régularisés. Le voyageur qu'intéressent les scènes de la rue trouvera ample matière à observation au milieu de cette population bigarrée, de races différentes. Les Malais sont reconnaissables à leur jupon brun à ramages, au mouchoir jaune et noir qu'ils portent roulé autour de la tête, et surtout à leur physionomie, qui offre quelque ressemblance avec celle des Chinois. On rencontre aussi quelques-uns de ces derniers. Les maisons de Pettah sont généralement basses et sans aucune prétention architecturale. Il n'y existe aucun monument intéressant.

Séparés de ces deux villes par les étangs dont je viens de parler et par une immense esplanade, s'élèvent au milieu des jardins les délicieux faubourgs de *Slave-Island* et de *Calpitty*. C'est là que sont disséminées sous les cocotiers les charmantes habitations des négociants du Fort. De jolies routes au sol rouge et durci contournent les pièces d'eau et rayonnent dans toutes les directions sous un épais dôme de verdure. Cette partie de la ville est mise en communication avec le Fort et Pettah au moyen de chaloupes à vapeur qui traversent le lac toutes les cinq minutes.

En outre, une voie ferrée, prolongeant la ligne de Kandy, dessert toute la ville de Colombo au moyen de cinq stations, puis se dirige au sud parallèlement à la côte. Elle va rejoindre Pointe de Galles. Il est difficile d'imaginer une plus pittoresque excursion. Le chemin de fer, franchissant le lac sur pilotis, rejoint bientôt les bords de la mer, qu'il suit constamment. Du wagon, on voit une partie de la population, hommes et femmes, se baignant pêle-mêle dans les rivières, les pêcheurs tirant leurs grands filets sur la plage, et les enfants se roulant sur le sable, tandis que leurs parents vaquent aux soins du ménage devant leur cabane, à l'ombre des cocotiers. A moitié chemin, on passe devant un monticule faisant saillie sur le rivage. C'est *Mount-Lavinia*. Tout ce pays est extrêmement peuplé.

*
* *

Mes affaires terminées, j'employai les deux jours qui me restaient à visiter la ville et les environs. Je me rendis d'abord aux *Cinnamon-Gardens* plantations, de cannelliers établies autrefois par les Hollandais. Elles occupent un vaste espace, actuellement converti en parc. Les arbustes sont plantés en lignes régulières; coupés en pied, ils repoussent en un faisceau de tiges qu'on exploite au bout de trois ans. On en détache l'écorce, qu'on fait sécher, et qui s'enroule sur elle-même. Elle est ensuite livrée au commerce par ballots du poids de douze à treize kilogrammes.

Au milieu de ces plantations, on a construit un musée où, parmi de nombreux spécimens de la faune et de la flore de Ceylan, je remarque plusieurs rotins qui n'ont pas moins de cent trente mètres de longueur.

Contournant les remparts, je me dirigeai vers l'esplanade, immense espace vide et gazonné qui s'étend entre la mer et le lac, Une large avenue, où de distance en distance on a placé des bancs pour la commodité des promeneurs, suit le bord de la mer en ligne parfaitement droite; elle est protégée par un mur de soutènement contre les vagues qui déferlent sans cesse sur le sable du rivage. J'aimais à venir y respirer la brise du large, qui s'élève régulièrement à l'heure où le soleil se couche; et là, solitaire, j'admirais la richesse inouïe de couleurs dont se pare la nature en ces lointains climats. Ici, la pelouse verte et le large trait rouge formé par la route; plus loin, le sable blanc comme la neige et la mer bleue. Au loin et partout, un ciel incomparable, passant par toute la gamme des couleurs depuis le jaune orangé jusqu'au rose tendre.

***

Le surlendemain, je disais un dernier adieu à la terre de Ceylan et le beau steamer filait dans la direction d'Aden. Accoudé sur le sabord à l'arrière, je suivais du regard la ligne des cocotiers de la côte. A mesure que nous nous éloignons, elle devient moins distincte. En même temps le pic d'Adam semble grandir; mais bientôt ses contours d'un bleu pâle deviennent plus confus. Avant midi la terre avait disparu.

E. Cotteau.

EXPOSITION DE LA DENT DE BOUDDHA, A KANDY.

www.ingramcontent.com/pod-product-compliance
Ingram Content Group UK Ltd.
Pitfield, Milton Keynes, MK11 3LW, UK
UKHW022200190726
13855UKWH00004B/1552